SWAMI SIVANANDA

Das Leben des großen Yogameisters

Originalausgabe: „Swami Sivananda“
Herausgeber D. Kumar
Text Indira Ananthakrishnan & Illustration Madhu Powle

Deutsche Ausgabe 2015

Übersetzung und Lektorat Kaivalya Meike Schönknecht
Grafik Mandalasa Thekla Faber und Hugues Deswarte

Herausgegeben vom Berufsverband der Yoga Vidya Lehrer e.V.
Yogaweg 7, 32805 Horn-Bad Meinberg, Deutschland

Printed in Germany
ISBN 978-3-943376-11-1
www.yoga-vidya.de

FSC www.fsc.org
MIX
Papier aus verantwortungsvollen Quellen
FSC® C013205

SWAMI
SIVANANDA
SHRI APPAYYA DIKSHITAR WAR EIN GROSSER SCHRIFTGELEHRTER UND HEILIGER DES 16. JAHRHUNDERTS. ER HAT AUF SANSKRIT VIELE DER MASSGEBLICHEN SCHRIFTEN DES VEDANTA VERFASST.
ER WIRD VON VIELEN ALS AVATAR VON SHIVA GESEHEN. EINMAL GING ER ZUM PILGERORT TIRUPATHI, UM IM TEMPEL AM DARSHAN VON VENKATESWARA, EINEM AVATAR VISHNUS, TEILZUNEHMEN. ALLERDINGS...
NEIN, DU KANNST HIER NICHT REIN! DU BIST EIN SAIVAITE, EIN VEREHRER SHIVAS.
ER SCHEINT EIN ERNSTHAFTER VEREHRER GOTTES ZU SEIN. LASS IHN DOCH REIN. WAS MACHT DAS SCHON FÜR EINEN UNTERSCHIED!
NEIN, NEIN... DIES HIER IST EIN TEMPEL VISHNUS. DU KANNST HIER NICHT REIN.
ALS SIE AM NÄCHSTEN MORGEN DEN TEMPEL ÖFFNETEN, STELLTEN SIE MIT ENTSETZEN FEST, DASS DIE MURTI VON VENKATESWARA IN EINEN SHIVA LINGAM VERWANDELT WAR.
BITTE VERZEIHE UNS! BITTE KOMM DOCH HEREIN!
UND BITTE TAUSCHE DIE MURTI ZURÜCK ZU VENKATESWARA!

... ALS APPAYYA DIKSHITAR ZUM DARSHAN IN DEN TEMPEL GING, VERWANDELTE SICH DIE MURTI WIEDER ZURÜCK IN VENKATESWARA.
GOTT, DU BIST EIN OZEAN DER LIEBE.
VENGU IYER WAR EIN NACHKOMME VON APPAYYA DIKSHITAR. ER LEBTE MIT SEINER FRAU PARVATI AMMAL IN TIRUNELVELI IM BUNDESSTAAT TAMIL NADU. SIE LEBTEN EINFACH UND WAREN SEHR RELIGIÖS. KUPPUSWAMI WAR IHR DRITTER SOHN. ER WURDE AM 8. SEPTEMBER 1887 GEBOREN.
OH, WAS FÜR EIN WUNDERSCHÖNES KIND!
WIR HATTEN SCHON GUTE OMEN GESEHEN. UND ER SIEHT AUS WIE DIE REINKARNATION VON APPAYYA DIKSHITAR.
LASS IHN UNS KUPPUSWAMI NENNEN.
DIE LIEBE ZU GOTT WAR DEM KLEINEN KUPPUSWAMI ANGEBOREN. KIRTAN HATTE EINE STARKE WIRKUNG AUF IHN. BEIM KIRTAN, DEN GEBETEN UND PUJAS, DIE SEINE ELTERN ABHIELTEN, MACHTE ER IMMER MIT. EINES ABENDS LEITETE VENGU IYER DEN KIRTAN AN...
ER IST KEIN GEWÖHNLICHER JUNGE! SO VIEL HINGABE IN SO JUNGEM ALTER!
HARA, HARA, HARA, HARA
NAMAH SHIVAYA!
HARA, HARA, HARA, HARA NAMAH SIVAYA!
KUPPUSWAMI ERFREUTE SICH SEHR DARAN, DINGE ZU TEILEN UND ZU VERSCHENKEN. WANN IMMER ER KONNTE, GAB ER GROSSZÜGIG ESSEN AN BEDIENSTETE UND BETTLER AUS. AUCH DIE TIERE FRASSEN AUS SEINER HAND.

KUPPUSWAMI WAR GEGENÜBER DEN ARMEN UND BEDÜRFTIGEN SEHR GÜTIG UND MITFÜHLEND. ER HAT IMMER GERNE GEHOLFEN. AN EINEM BESONDEREN FEIERTAG TRUG KUPPUSWAMI NEUE KLEIDUNG. KURZ DANACH...
AH, DER BETTLER BRAUCHT DIE KLEIDUNG VIEL DRINGENDER ALS ICH.
HIER, TRAGE DIESE KLEIDUNG!
DANK DIR, MEIN GUTER JUNGE!
KUPPU! WIE KANNST DU DEINEN NEUEN DHOTI DIESEM BETTLER GEBEN?
ABER ER HAT SICH SO GEFREUT, AMMA. SIEH NUR, WIE STOLZ ER DIE KLEIDUNG TRÄGT. ER BRAUCHT SIE DRINGENDER ALS ICH.
IN DER SCHULE WAR KUPPUSWAMI EIN GUTER SCHÜLER.
KANN NIEMAND VON EUCH MEINE FRAGE BEANTWORTEN?
DOCH, ICH KANN ES.
ES GIBT KEINE FRAGE, DIE KUPPU NICHT BEANTWORTEN KANN.
... UND AUCH AUF DEM SCHULHOF.
KOMMT SCHON, JUNGS! SEID NICHT SO FAUL! DIE KÖRPERÜBUNGEN WERDEN EUCH KRÄFTIGER MACHEN.
ICH DENKE, DIESER JUNGE KANN DIE ANDEREN JUNGS BESSER ZUM SPORT ANTREIBEN ALS ICH.

EINMAL HAT DER GOUVERNEUR, LORD APTHILL, DIE KURU MALAI HÜGEL IN DER NÄHE VON PATTAMADAI BESUCHT.
WER MÖCHTE DIE WILLKOMMENSREDE FÜR DEN GOUVERNEUR HALTEN?
ICH NICHT.
WARUM NICHT? ICH MACHE ES GERNE.
AN DIESEM WICHTIGEN TAG...
WILLKOMMEN, EURE LORDSCHAFT...
DIESER JUNGE IST BEMERKENSWERT. ER SPRICHT SO FURCHTLOS.
KUMARAPURAM
KUPPUSWAMI WAR JUNG UND UNGESTÜM UND ER LIEBTE SPASS UND ABENTEUER. EINES TAGES UM DREI UHR IN DER FRÜHE...
DAS SIEHT SO AUS, ALS WÜRDE ICH DORT SCHLAFEN!
DANN SCHLICH SICH KUPPUSWAMI AUS DEM HAUS, UM KÖRPERÜBUNGEN ZU PRAKTIZIEREN.
ETWAS SPÄTER –
KUPPU, STEH AUF! DIE SONNE IST AUFGEGANGEN.
SHIVA, SHIVA! KUPPU IST NICHT IM BETT! WO IST ER DANN NUR?

AMMA, HIER BIN ICH! ICH KOMME GERADE VOM MORGENDLICHEN SPAZIERGANG WIEDER
OH, KUPPU! WO BIST DU?
EINIGE TAGE SPÄTER WAR KUPPUSWAMI MORGENS ZUR PUJA WIEDER VERSCHWUNDEN.
KUPPU IST NIRGENDSWO ZU FINDEN! ICH FRAGE MICH, WO SEIN UNTERNEHMUNGS-LUSTIGER GEIST IHN WIEDER HIN VERSCHLAGEN HAT.
ICH HOFFE, ER KOMMT WENIGSTENS FÜR DIE ABENDLICHE PUJA ZURÜCK.
IN DER ZWISCHENZEIT WAR KUPPUSWAMI ZUM 20 KILOMETER ENTFERNTEN TEMPEL IN KAZHUGUMALAI GELAUFEN.
MURUGA! ICH HABE HEUTE MORGEN GANZ FRÜH DAS HAUS VERLASSEN UND HABE MEINER MUTTER NICHTS GESAGT, NUR UM AN DEINEM DARSHAN TEIL-ZUNEHMEN.
KUPPUSWAMI VERBRACHTE DEN GRÖSSTEN TEIL DES TAGES IM TEMPEL.
DIE ABENDLICHE PUJA UND DAS ABENDESSEN WAREN VORBEI. ES WAR BEREITS BETTZEIT UND KUPPUSWAMIS ELTERN MACHTEN SICH SORGEN. ALS DANN PLÖTZ-LICH –
ES TUT MIR LEID, DASS IHR EUCH MEINETWEGEN SORGEN GE-MACHT HABT. ICH GEHE SO GERN SPAZIEREN UND BESUCHE ENTLE-GENE TEMPEL. ICH WAR IN KAZ-HUGUMALAI.
20 KILOMETER! BIST DU NICHT HUNGRIG UND MÜDE?!

MIR MACHT ES NICHTS AUS, HUNGRIG ZU SEIN.
WAS FÜR EIN KOMISCHER JUNGE!
VON DA AN GING KUPPUSWAMI REGELMÄSSIG ALLEIN LOS, UM HEILIGE STÄTTEN ZU BESUCHEN.
1905 BESTAND KUPPUSWAMI SEINE ABSCHLUSSPRÜFUNG AM COLLEGE IN TIRUCHI. UND ANSCHLIESSEND –
ICH WERDE AUF JEDEN FALL KUNST STUDIEREN.
KUNST IST NICHT INTERESSANT.
MEIN INTERESSE LIEGT IN DER WISSENSCHAFT. ICH WERDE ENTDECKUNGEN MACHEN, DIE DIE WELT VERÄNDERN WERDEN.
MMHH, WARUM DAVON TRÄUMEN, DIE WELT ZU BEWEGEN? UNSERE HERZEN SOLLTEN VOM LEIDEN AUF DIESER WELT BEWEGT SEIN.
ICH WERDE MEDIZIN STUDIEREN UND MEIN BESTES TUN, UM DAS LEIDEN MEINER MITMENSCHEN ZU REDUZIEREN.

ZU HAUSE –
KUPPU! FÜR EINEN JUNGEN AUS UNSERER KASTE IST DER BERUF DES ARZTES WIRKLICH NICHT GEEIGNET.
WAS SAGST DU, VATER?
WIE ICH SEHE, BIST DU FEST ENTSCHLOSSEN. ICH WERDE DIR NICHT IM WEGE STEHEN. .
DANKE DIR, MEIN VATER
KUPPUSWAMI STUDIERTE ALSO AM MEDIZINISCHEN INSTITUT IN THANJAVUR MIT GROSSEM INTERESSE UND EIFER.
EIN STUDENT AUS DEM ERSTEN JAHR IST HIER NICHT ERLAUBT.
ER IST EIN AUSSERGEWÖHNLICHER STUDENT. ER HAT EINE SPEZIELLE ERLAUBNIS, HIER ZU SEIN.
UND AM INSTITUT IN DEN PAUSEN –
SCHAU, WIE KUPPU SEINE PAUSE GENIESST.
ER IST SEHR INTELLIGENT. ICH GEHE IMMER ZU IHM, WENN ICH FRAGEN HABE.
UND ALS DIE FERIEN KAMEN –
AUF WIEDERSEHEN, KUPPU. WANN FÄHRST DU NACH HAUSE?
MÖCHTEST DU NICHT AUCH DEINE FERIEN GENIESSEN?
ICH BLEIBE HIER MEINE STUDIEN BEREITEN MIR VIEL FREUDE.

JEDEN TAG LAS KUPPUSWAMI VIEL, OFT BIS SPÄT IN DIE NACHT HINEIN. ABER ER MOCHTE AUCH GYMNASTIK UND KRÄFTIGENDE KÖRPERÜBUNGEN. ER LERNTE FECHTEN VON EINEM LEHRER AUS DER KASTE DER UNBERÜHRBAREN.
OK, DEIN ANGRIFF IST KORREKT. NUN NIMM DIES UND VERTEIDIGE DICH.
JA, OK, ICH BIN BEREIT.
OH, KUPPU! WIE KANNST DU, EIN BRAHMANE, DER SCHÜLER EINES UNBERÜHRBAREN SEIN! HÖR SOFORT DAMIT AUF!
ALS ER WIEDER ZU HAUSE WAR, DACHTE KUPPUSWAMI ÜBER DAS, WAS DER BRAHMANE GESAGT HATTE, NACH. ER HATTE EINE WUNDERBARE VISION, BEI DER SHIVA, DEN ER IM PUJA RAUM SEINES VATERS VEREHRTE, VON DORT AUFSTIEG UND IN DAS HERZ DES UNBERÜHRBAREN DRANG.
SOFORT GING KUPPUSWAMI MIT BLUMEN, SÜSSIGKEITEN UND KLEIDUNG ZU DEM UNBERÜHRBAREN, SCHMÜCKTE IHN UND FIEL VOR IHM NIEDER.
SO TRAT GOTT FRÜH IN KUPPUSWAMIS LEBEN UND BEFREITE IHN VON DEN VORURTEILEN DES KASTENSYSTEMS, DIE DAMALS SEHR VERBREITET WAREN. UND SPÄTER ALS ARZT DIENTE ER DEN KRANKEN UND ARMEN GANZ UNABHÄNGIG VON DEREN KASTE.

KUPPUSWAMI BESTAND SEIN MEDIZINSTUDIUM MIT BRAVOUR. ER KAM ZU DER ERKENNTNIS, DASS FEHLENDES WISSEN ÜBER GESUNDHEIT UND HYGIENE BEI MENSCHEN DER GRUND DES LEIDENS WAR. SO GRÜNDETE ER EINE ZEITSCHRIFT ‚AMBROSIA', DIE SCHON NACH KURZER ZEIT SEHR POPULÄR WURDE.
VORBEUGUNG IST BESSER ALS HEILUNG.
DANN ZOG ER NACH MADRAS UND ARBEITETE IN EINER APOTHEKE UND WAR ZUDEM DER HERAUSGEBER VON ‚AMBROSIA'. TROTZDEM WAR ER NICHT ZUFRIEDEN.
ICH HABE GEHÖRT, DASS ES IN MALAYSIA GUTE BERUFLICHE CHANCEN GIBT. ICH WERDE EINEN FREUND DORT KONTAKTIEREN.
KUPPUSWAMI SPRACH DAS THEMA ZU HAUSE AN.
ICH MÖCHTE GERNE MEINEN HORIZONT ERWEITERN... ZUM BEISPIEL WÜRDE ICH GERNE IN MALAYSIA ARBEITEN.
OH! WIE KANNST DU UNS NUR VERLASSEN UND SO WEIT WEG GEHEN?
ABER AMMA, ICH WERDE IMMER AN DICH DENKEN UND BALD WIEDERKOMMEN.
MEIN SOHN! ICH WERDE DICH VERMISSEN.
DAS MEER ZU ÜBERQUEREN IST LAUT SHASTRAS VERBOTEN.
ICH ÜBERQUERE DAS MEER, UM MENSCHEN ZU HELFEN. DIE SHASTRAS WERDEN MIR DABEI NICHT IM WEGE STEHEN.
BITTE SEGNE MICH, VATER!
DU HAST EINE MUTIGE ENTSCHEIDUNG GETROFFEN, MEIN SOHN. GOTT SEI MIT DIR BEI DEINER MISSION.
WAS FÜR EINE ENTSCHLOSSENHEIT!

SCHON BALD STAND DER ABREISETAG VOR DER TÜR.
ICH WÜNSCHE DIR VIEL ERFOLG.
KUPPU! NIMM ETWAS VON DEINEM LIEBLINGSLADDU ALS REISEPROVIANT MIT.
DANKE DIR, AMMA.
KUPPUSWAMI HATTE KEINE ERFAHRUNG MIT SEEREISEN.
OH, NEIN! ICH BIN VEGETARIER. ICH KANN DIESE SPEISEN NICHT ESSEN.
WIR HABEN KEIN ANDERES ESSEN AN BOARD, SIR.
DIESES LECKERE LADDU UND WASSER WERDEN DANN ALSO MEIN EINZIGES ESSEN SEIN.
AM ENDE DER REISE HATTE KUPPUSWAMI GENUG DAVON, ZUM FRÜHSTÜCK, MITTAG- UND ABEND-ESSEN LADDU ZU ESSEN.
WÄHREND DER ÜBERFAHRT HALF DR. KUPPUSWAMI FREIWILLIG EINIGEN PASSAGIEREN.
IHR SOHN IST KRANK. ICH KANN IHN GERNE BEHANDELN.
WIE FREUNDLICH VON IHNEN, SIR.
WIE PRAKTISCH ES DOCH IST, EINEN ARZT AN BOARD ZU HABEN!
UND ES GIBT WIRKLICH NICHT VIELE, DIE SO FREUNDLICH UND KOSTENLOS IHRE DIENSTE ANBIETEN.

NACH MEHREREN TAGEN AUF SEE ERREICHTE DAS SCHIFF SINGAPUR. DR KUPPUSWAMI REISTE WEITER NACH SEREMBAN, WO ER SICH MIT MR. ROBINS TRAF.
KÖNNEN SIE ALLEIN EIN KRANKENHAUS LEITEN?
ICH KANN SOGAR DREI KRANKEN-HÄUSER LEITEN.
DR. KUPPUSWAMI WURDE SOFORT EINGESTELLT, UM DAS KRANKENHAUS IN SENAWANG ZU LEITEN.
IM KRANKENHAUS BEHANDELTE DR. KUPPUSWAMI ALLE PATIENTEN BEHUTSAM UND LIEBEVOLL.
DER NEUE DOKTOR IST EIN WAHRER SCHATZ.
WIR HATTEN NOCH NIE EINEN SO GROSSARTIGEN ARZT. ER IST ALLEN EIN GUTER FREUND.
BALD WAR ER NICHT NUR BEI DEN PATIENTEN SEHR BELIEBT, SONDERN AUCH BEI SEINEN KOLLEGEN, SEINEN VORGESETZTEN UND DEN ANGESTELLTEN.
ES WAR MITTER-NACHT – DR. KUPPUSWAMI WAR GERADE ERST VON EINEM NOT-FALL NACH HAUSE GEKOMMEN.
BITTE SAGEN SIE DEM DOKTOR, DASS MEINE FRAU DRINGEND HILFE BRAUCHT. SIE LIEGT IN DEN WEHEN UND HAT STARKE SCHMERZEN, ES IST SEHR KRITISCH.
NICHT UM DIESE ZEIT UND IN DIESEM REGEN! KOMMEN SIE MORGEN WIEDER!
NEIN, NEIN, ICH KOMME! BITTE HALTEN SIE MEIN MOTORRAD BEREIT.
SOFORT NAHM DER DOKTOR DEN ARBEITER MIT AUF SEINEM MOTOR-RAD UND SIE EILTEN ZUM HAUS, WO DIE FRAU VOR SCHMERZEN LAUT SCHRIE.
ICH HABE MEIN BESTES GETAN. ABER VIELLEICHT BRAUCHEN SIE MICH NOCH BEI DER ENTBINDUNG. ICH WERDE WARTEN UND BETEN.
EINE GUTE GEBURT! MUTTER UND KIND SIND WOHLAUF.
LIEBER DOKTOR, ES IST 4 UHR MORGENS, BITTE GEHEN SIE UND RUHEN SIE SICH AUS. HABEN SIE VIELEN DANK!

DR. KUPPUSWAMIS WOHLTÄTIGE UND HELFENDE NATUR WAR SO AUSGEPRÄGT, DASS ER IM GANZEN LAND BEKANNT WURDE.
ICH BIN IN DIESES LAND GEKOMMEN, UM EINEN JOB ZU FINDEN. NUN FÜHLE ICH MICH WIE GESTRANDET. KÖNNEN SIE MIR BITTE HELFEN?
MACHEN SIE SICH KEINE SORGEN. GEHEN SIE ZU DR. KUPPUSWAMI. ER WIRD ALLES FÜR SIE TUN.
ER GING NACH JAHOR UND TRAF DORT DR. KUPPUSWAMI.
SIR, ICH SUCHE EINEN JOB. ICH HABE KEINEN EINZIGEN CENT. ICH BRAUCHE IHRE HILFE.
BITTE FÜHLEN SIE SICH WIE ZUHAUSE UND BLEIBEN SIE BIS SIE EINEN JOB GEFUNDEN HABEN. ICH WERDE IHNEN GERNE HELFEN.
EINIGE ZEIT VERGING, DANN NAHMEN DIE LEUTE BEI DR. KUPPUSWAMI EINE VERÄNDERUNG WAHR.
DER FRÖHLICHE DOKTOR IST IMMER NACHDENKLICHER UND ERNSTER GEWORDEN.
JA, RICHTIG.
OH, DIESE WELT IST VOLLER UNGLÜCK UND LEID. WIE KANN MAN NUR FRIEDEN UND GLÜCKSELIGKEIT ERLANGEN?
MEIN HERR SIEHT JETZT IMMER SO UNGLÜCKLICH AUS.
WAS SOLL ICH MIT LEIBLICHEN VERGNÜGEN? DIESE DINGE KÖNNEN MIR KEINEN DAUERHAFTEN FRIEDEN GEBEN!
ZU DIESEM KRITISCHEN ZEITPUNKT HATTE DR. KUPPUSWAMI DIE GELEGENHEIT, EINEN SADHU BEI SICH ZU BEHERBERGEN, DER KRANK GEWORDEN WAR UND DEM ER MIT EHRERBIETUNG UND HINGABE DIENTE.
JIVA BRAHMA AIKYA
ICH BIN MIT DEINEN DIENSTEN SEHR ZUFRIEDEN. ES IST ETWAS GROSSARTIGES UND ERHABENES IN DIR. DU WIRST ERSTRAHLEN ALS EIN MEISTER. LESE DIESES BUCH UND ES WIRD DIR HELFEN. GOTT SEI MIT DIR.
ICH BIN GOTT DANKBAR, DASS ER MIR DIE MÖGLICHKEIT GEGEBEN HAT, DIR ZU DIENEN.

DIESER SELBSTLOSE DIENST AN ARMEN, KRANKEN UND HEILIGEN FÜHRTE BEI DR. KUPPUSWAMI ZUR REINIGUNG DES HERZENS UND DES GEISTES UND ZU EINER INNEREN TRANSFORMATION, DIE IHN AUF DEN SPIRITUELLEN WEG BRACHTE.
DAS LEBEN IST SO KURZ. DIE ZEIT IST FLÜCHTIG. GIBT ES KEINEN HÖHEREN SINN IM LEBEN ALS DIE TÄGLICHE ARBEIT, ESSEN UND TRINKEN?
GIBT ES STATT DER VORÜBERGEHENDEN UND SCHEINHAFTEN FREUDEN KEINE HÖHERE FORM DER EWIGEN GLÜCKSELIGKEIT?
SCHON BALD KAM DR. KUPPUSWAMI AN DEM PUNKT AN, WO ER SEINE PFLICHTEN IM KRANKENHAUS NICHT MEHR ZUFRIEDENSTELLEND AUSFÜHREN KONNTE. DESHALB REICHTE ER SEINE KÜNDIGUNG EIN.
BITTE STELLEN SIE MICH VON MEINEN PFLICHTEN FREI. ICH GEHE ZURÜCK IN MEIN HEIMATLAND INDIEN UND WERDE MICH DORT AUF DIE SUCHE NACH GLÜCKSELIGKEIT BEGEBEN.
KANN ES DENN WAHR SEIN?
ICH FRAGE MICH, WAS NUR ÜBER DEN DOKTOR GEKOMMEN IST.
AM NÄCHSTEN TAG VERLIESS DR. KUPPUSWAMI MALAYSIA. WIEDER IN INDIEN ANGEKOMMEN GING ER GLEICH AN SEINEN GEBURTSORT ZURÜCK.
KOMM REIN, MEIN SOHN, UND RUHE DICH AUS.
LASST UNS ERST NOCH DEN WAGEN ENTLADEN.
ABER WÄHREND DER WAGEN ENTLADEN WURDE, VERSCHWAND KUPPUSWAMI GANZ HEIMLICH.
KUPPU! WIE LANGE ENTLÄDST DU DENN NOCH? DEIN KAFFEE WIRD SCHON KALT.
WO IST NUR KUPPU?
KUPPU, WO BIST DU?

KUPPU IST NICHT HIER VIELLEICHT BESUCHT ER SEINE ALTEN FREUNDE.
ICH SCHAUE NACH IHM UND SCHICKE IHN HEIM.
LASST UNS MIT DEM ABENDESSEN AUF IHN WARTEN.
ABER DIE ELTERN WARTETEN UMSONST AUF IHREN SOHN.
KUPPUSWAMI GING NICHT NACH HAUSE, STATTDESSEN MACHTE ER SICH OHNE HAB UND GUT AUF DIE SUCHE NACH GOTT. ER REISTE MIT DEM ZUG IN RICHTUNG VARANASI.
ICH WILL GOTT REALISIEREN.
SEITDEM ER HIER BEI UNS IM ZUG IST, WIRKT ER SEHR VERSUNKEN UND KÜMMERT SICH ÜBERHAUPT NICHT DARUM, WAS UM IHN HERUM ALLES GESCHIEHT.
NACH EINIGEN TAGEN ERREICHTE KUPPUSWAMI ENDLICH VARANASI. ER NAHM EIN HEILIGES BAD IM GANGES UND DARSHAN IM VISHWANATH TEMPEL.
OH HERR, LASS MICH BEI DIR ZUFLUCHT SUCHEN! FÜHRE MICH AUF MEINER SUCHE NACH DER WAHRHEIT.
VARANASI IST SO EIN HEKTISCHER PILGERORT. ICH BRAUCHE EINEN RUHIGEREN PLATZ FÜR MEINE MEDITATION.
BENARES
EIN GUTER SAMARITER NAHM SICH KUPPUSWAMIS AN UND GAB IHM EINE DECKE.
MEIN LIEBER, WO MÖCHTEST DU DENN HIN GEHEN?
ICH MÖCHTE MICH AN EINEM ORT NIEDERLASSEN, WO ICH MEDITIEREN UND GOTT VERWIRKLICHEN KANN.
ER EMPFAHL KUPPUSWAMI, NACH PANDHARPUR ZU REISEN, UND ER GAB IHM EIN TICKET.

ALS EIN WANDERNDER BETTELMÖNCH BESUCHTE ER PUNE, PANDHARPUR UND ANDERE ORTE. LETZTLICH KAM ER IN RISHIKESH AN UND FAND DORT DEN IDEALEN PLATZ FÜR SEIN SADHANA, SEINE SPIRITUELLE PRAXIS.
CHARANDAS DHARMASHALA
DIESER SADHU HAT EINE GANZ BESONDERE AURA. ICH FRAGE MICH, OB ER MICH ALS SEINEN SCHÜLER AUFNIMMT.
ICH KANN SPÜREN, DASS DIESER MANN EIN WICHTIGER LEHRER SEIN WIRD. ICH MÖCHTE IHN GERNE ALS SANNYASIN WEIHEN.
DIESER SADHU WAR VISHWANANDA SARASWATI VON VARANASI. ER INIITIERTE KUPPUSWAMI ALS SANNYASIN UND GAB IHM DAS OCKERGELBE GEWAND. ER GAB IHM DEN NAMEN SWAMI SIVANANDA SARASWATI.
SO WURDE AM 1. JUNI 1924 AUS DR. KUPPUSWAMI SWAMI SIVANANDA SARASWATI.
DAS RITUAL ZUR WEIHUNG ALS SANNYASIN, VIRAJA HOMA GENANNT, WURDE VON SWAMI VISHWANANDA SARASWATI IM BERÜHMTEN KAILASA-TEMPEL IN RISHIKESH AUSGEFÜHRT.
SWAHA.. SWAHA..
SWAHA.. SWAHA..
VON DA AN LEBTE SWAMI SIVANANDA VON ALMOSEN. FÜR EINIGE ZEIT LEBTE ER IN RISHIKESH UND SPÄTER DANN IN LAKSHMANJHULA.
NACHTS SCHLIEF ER, WO IMMER ER EINEN PLATZ FINDEN KONNTE.
ER MEDITIERTE VIELE STUNDEN LANG AM UFER DES GANGES IN LAKSHMANJHULA.

OFT LIEF SWAMI SIVANANDA ALLEINE DURCH RISHIKESH UND UMGEBUNG.
DIESE SADHUS SIND DURCH KÄLTE UND UNTER-ERNÄHRUNG SEHR GESCHWÄCHT. WIE KANN ICH IHNEN NUR HELFEN?
HARI OM!...
DANN ERINNERTE SICH SWAMI SIVANANDA AN SEINE ERSPARNISSE IN MALAYSIA, DIE ER DORT NOCH HATTE. ER SCHRIEB BRIEFE UND BEKAM SCHLIESSLICH DAS GELD.
ICH WERDE DIESES GELD BENUTZEN, UM MEDIZIN UND NAHRHAFTES ESSEN FÜR DIE SADHUS ZU KAUFEN.
SWAMI KALIKANANDA SCHÄTZTE DIESEN DIENST SEHR.
HIER, NIMM DIESE SPEISE ZU DIR. SIE WIRD DEINEN MAGEN BERUHIGEN.
UND NIMM DIESE MEDIZIN MIT HEISSER MILCH UND GERSTE EIN. DANN WIRST DU SCHNELL WIEDER GESUND WERDEN.
OH, DANKE, DU BIST IN DER TAT EIN MAHATMA!
DIESER SADHU IST KEIN GEWÖHN-LICHER MANN!
NICHT LANGE DANACH MACHTE SWAMI KALIKANANDA, DER SWAMI SIVANANDAS WOHLTATEN BEOBACHTET HATTE, IHM EINEN VORSCHLAG.
ICH BIN SICHER, DASS MIT DEINEM WERTVOLLEM DIENST HIER EINE WOHLTÄTIGE ARZNEIAUSGABE AUFGEBAUT WERDEN KÖNNTE.
NATÜRLICH, WAS KÖNNTE MIR MEHR FREUDE MACHEN?
SO WURDE IN 1927 DIE SATYA SEVASHRAM ARZNEIAUSGABE GESCHAFFEN.

EINES TAGES GAB SIVANANDA EINEM SADHU, DER AUF DEM WEG NACH BADRINATH WAR, MEDIZIN. ABENDS DANN...
OH, UND ‚AMRITDHARA' WÄRE AUCH SEHR GUT FÜR DIESEN SADHU. WIE KANN ICH ES IHM GEBEN? ICH WERDE FRÜH AUFSTEHEN UND IHN BEI GARUD CHATTI* ABFANGEN.
AMRIT DHARA
AM NÄCHSTEN MORGEN VERZICHTETE SWAMI SIVANANDA AUF SEINE MEDITATION UND ERREICHTE GARUD CHATTI SEHR FRÜH. ABER...
ACH, ER IST SCHON AUFGEBROCHEN. DAS MACHT NICHTS, ICH WERDE WEITER LAUFEN UND ES IHM BRINGEN.
*GARUD CHATTI IST EINE UNTERKUNFT, WO PILGER VERPFLEGUNG BEKOMMEN.
ENDLICH TRAF SWAMI SIVANANDA IHN AUSSERHALB VON PHOOLCHATTI.
OH SWAMIJI, DU BIST DEN GANZEN WEG GELAUFEN, MEHR ALS 5 MEILEN! GOTT SEGNE DICH!
BITTE NIMM DIESES ‚AMRITDHARA'. ES WIRD DIR GUTTUN.
MEIN GOTT! WAS FÜR EIN BEMERKENS-WERTER DIENST!
DER GROSSE UND REICH BEGÜTERTE SWARG ASHRAM GAB SWAMI SIVANANDA EIN KUTIR, EINE KLEINE HÜTTE, UND NACH UND NACH KAMEN MENSCHEN, UM DARSHAN ZU NEHMEN UND RAT ZU SUCHEN.
ER IST DER EINZIGE GROSSE MAHATMA UND YOGI IM SWARG ASHRAM*.
SING DEN NAMEN GOTTES. BETE ZU IHM. ER WIRD ZU DIR KOMMEN UND DIR GLÜCKSELIGKEIT BRINGEN. ...
SPRECHZEITEN 16 – 17.00 UHR
* EINE WOHLTÄTIGE EINRICHTUNG, DIE SICH UM DIE SADHUS IN RISHIKESH KÜMMERT.
DIE SPENDENGELDER DER ANHÄNGER BENUTZTE SWAMI SIVANANDA, UM SPIRITUELLE SCHRIFTEN ZU DRUCKEN UND KOSTENLOS ZU VERTEILEN.
HIER, LEST DIESE ZWANZIG INSTRUKTIONEN UND BEFOLGT DIESE EINFACHEN REGELN. IHR WERDET EUCH RASCH WEITER ENTWICKELN UND FRIEDVOLL UND GLÜCKLICH LEBEN. ...
DANKE DIR, SWAMIJI.

SELBSTLOSER DIENST UND SADHANA GINGEN BEI SWAMI SIVANANDA HAND IN HAND. ER LEBTE VON MAGERER NAHRUNG UND TAT BUSSE.
SCHAUT IHN AN! ER STEHT DORT SEIT 4 UHR MORGENS UND MACHT JAPA. WAS FÜR EINE WILLENSKRAFT.
WIR WAGEN ES NICHT EINMAL, DAS EISKALTE WASSER DES GANGES IM WINTER AUCH NUR ZU BERÜHREN.
ER MACHT DAS SCHON SEIT JAHREN REGELMÄSSIG.
WÄHREND DIESER ASKETISCHEN ZEIT IM SWARG ASHRAM HATTE SWAMI SIVANANDA VISIONEN GROSSER MAHARISHIS UND ERHIELT IHREN SEGEN.
ICH SCHÄTZE MICH SEHR GLÜCKLICH! GESTERN HATTE ICH EINE VISION VON VASISHTHA UND HEUTE VON VYASA BHAGAVAN!
ICH BIN SEHR ZUFRIEDEN MIT DEINER ENTHALTSAMKEIT. GOTT SEGNE DICH!
SWAMI SIVANANDAS NACHBAR, SWAMI RAJARAJESWARANANDA, WAR SEIT ZWÖLF JAHREN EIN VEREHRER DER DEVI. ER WOLLTE GERNE EINE GROSSE DURGA PUJA HALTEN, HATTE ABER NICHT DIE MITTEL DAFÜR. ABER DANN PLÖTZLICH...
SWAMI SIVANANDAJI HAT UNS GEBETEN, DIR DIES FÜR DEINE NAVARATRI PUJA ZU GEBEN.
DER GLÜCKLICHE SWAMI RAJARAJESWARANANDA EILTE ZU SWAMI SIVANANDA.
DANK DIR, SWAMIJI, FÜR DIE GESCHENKE, DIE DU VON DEN PUNJABI MÄDCHEN HAST BRINGEN LASSEN. NUN KANN ICH DIE NAVARATRI PUJA HALTEN!
WELCHE PUNJABI MÄDCHEN? ICH HABE NIEMANDEN GESCHICKT.
SOFORT ERKANNTE ER, DASS ES LILA, DAS SPIEL DER GÖTTLICHEN MUTTER, WAR.
NACH JAHRELANGEM SADHANA HAT DIE GÖTTLICHE MUTTER GNADE MIT MIR. SIE HAT MIR DIESE KLEINIGKEITEN BESCHERT, SWAMI SIVANANDA ABER VERLEIHT SIE ATMA SAKSHATKARA, DIE DIREKTE ERFAHRUNG GOTTES.
SWAMIJI, GESEGNET SEIST DU! DEIN INTEGRALER YOGA IST DER KÖNIGSWEG ZUR VOLLKOMMENHEIT!
DER RUHM GEHÖRT DER GÖTTLICHEN MUTTER.

SWAMI SIVANANDAS SPIRITUELLEN WERT ERKANNT UND ANGEZOGEN VON SEINER GÜTE, WOLLTEN EINIGE JUNGE BRAHMACHARIS IHN ZU IHREM LEHRER MACHEN, UM IHM ZU DIENEN UND UM EIN MONASTISCHES LEBEN ZU FÜHREN.
BITTE AKZEPTIERE UNS ALS DEINE SCHÜLER. WIR WERDEN DIR IMMER DIENEN.
ICH BIN NUR EIN GEWÖHNLICHER SADHU. ICH NEHME KEINE SCHÜLER AUF. ICH BIN KEIN GURU. ABER ICH KANN EUCH EIN GUTER FREUND UND BEIM SADHANA BEHILFLICH SEIN.
ICH MAG DIE STILLE. ICH HABE ALLES HINTER MIR GELASSEN, MEINE WELTLICHE VERHAFTUNG, UM HIER HER ZU KOMMEN UND ZU MEDITIEREN. DAS KANN ICH NICHT TUN, WENN ICH SCHÜLER UND EINEN ASHRAM HABE.
SWAMI SIVANANDA BESUCHTE HÄUFIG DIE RAM ASHRAM BIBLIOTHEK AM GANGES. DANACH GING SWAMI SIVANANDA OFT IN DEN DSCHUNGEL HINTER DER BIBLIOTHEK UND MEDITIERTE DORT TIEF. AN EINEM TAG IN DEN 1930ER JAHREN HATTE ER DORT EINE ERLEUCHTUNG UND EINE VISION VON KRISHNA.
SIVANANDA, WACHE AUF! ICH HABE DEN BECHER DEINES LEBENS GEFÜLLT MIT GÖTTLICHEM NEKTAR! GEH UND TEILE IHN MIT ALLEN! ICH WERDE IHN GEFÜLLT HALTEN!
KURZ DARAUF FAND EIN BEMERKENSWERTER WANDEL IN SEINER EINSTELLUNG STATT. ER NAHM SCHÜLER AUF, WEIHTE SIE ALS SANNYASIN UND UNTERRICHTETE YOGA UND MEDITATION.
IM JAHRE 1944 ERRICHTETE SWAMI SIVANANDA AN GENAU DIESEM HEILIGEN ORT DEN VISHWANATH MANDIR SIVANANDA ASHRAM. .
DIESE SUCHENDEN BRAUCHEN RICHTIGE SPIRITUELLE FÜHRUNG. IHRE ENERGIEN KÖNNEN FÜR IHRE ENTWICKLUNG UND ZUM DIENST ALLER GENUTZT WERDEN.

EINIGE ZEIT SPÄTER UNTERNAHM SWAMI SIVANANDA EINE REISE, UM DEN NAMEN GOTTES ZU VERBREITEN. SWAMIJI REISTE DURCH UTTAR PRADESH UND BIHAR, UM DORT DEN GÖTTLICHEN NAMEN ZU VERKÜNDEN.
DIE MENSCHEN MÜSSEN VERSTEHEN, DASS SCHON DAS SINGEN DES NAMEN GOTTES SEHR BEREICHERND IST.
JA, MEISTER. DU HAST UNS DAS GELEHRT UND WIR KENNEN DEN WERT NUN.
ES WAR DAMALS DIE ZEIT DER BRITISCHEN KOLONIALHERRSCHAFT. SELBST DIE INDER TRUGEN WESTLICHE KLEIDUNG UND HIELTEN SICH ZURÜCK, DEN NAMEN GOTTES ZU WIEDERHOLEN. ABER SWAMI SIVANANDAS STIMME WAR SO UNWIDERSTEHLICH, DASS SELBST DIE BRITEN AUS DER ROLLE FIELEN, AUF DIE BÜHNE KAMEN UND MIT SWAMIJI TANZTEN UND SANGEN.
JAYA GOVINDA, JAYA GOPALA! KESHAVA... MADHAVA... DEENA... DAYALA...
JAYA GOVINDA...
WER IST DIESER ENGLISCH SPRECHENDE SADHU, DER IMMER TANZT UND SINGT?
EIN WANDERMÖNCH. ER IST WIRKLICH BEZAUBERND UND ERFRISCHEND. LASS UNS MITMACHEN!
AUCH DIEJENIGEN, DIE IHN KRITISIERTEN, ÄNDERTEN SCHNELL IHRE MEINUNG UND SANGEN MIT. SO STARK WAR DER EINFLUSS VOM HEILIGEN SWAMI SIVANANDA.
SWAMI SIVANANDA BESUCHTE AUCH SCHULEN UND SPRACH ZU DEN SCHÜLERN.
SPRICHST DU IMMER DIE WAHRHEIT?
... NEIN, SIR... NICHT IMMER.
SPRICH IMMER DIE WAHRHEIT. DAS WIRD NIEMANDEN VERLETZEN. ES WIRD DIR VIEL SPIRITUELLE KRAFT GEBEN. VERGISS SOFORT DAS LEID, DAS JEMAND DIR ANGETAN HAT. WENN DU ES IM HERZEN HÄLTST, DANN KANN DARAUS HASS ENTSTEHEN.

AH! DU HAST JETZT DIE WAHRHEIT GESPROCHEN. ES LOHNT SICH, DIE WAHRHEIT ZU SPRECHEN. RESPEKTIERE DIE ÄLTEREN UND ENTWICKLE WOHLWOLLEN, ERBARMEN, LIEBE UND VERGEBUNG. SEI NIEMALS UNHÖFLICH, SCHROFF ODER GRAUSAM, AUCH NICHT ZU TIEREN. KOMMT, SINGT MIT MIR: GOTT IST WAHRHEIT... GOVINDA, GOTT IST WONNE... GOVINDA, GOTT IST FRIEDEN... GOVINDA, GOTT IST LIEBE... GOVINDA, BEHERRSCHE DEINE SINNE... GOVINDA, REALISIERE GOTT... GOVINDA.
WIR WERDEN UNSER BESTES TUN, SWAMIJI. BITTE SEGNE UNS.
GOTT IST WAHRHEIT... GOVINDA...
SWAMI SIVANANDA HIELT ÜBERALL IN DEN DÖRFERN VON BIHAR KIRTAN. AUCH WENN ER IM BOOT DEN GANGES ÜBERQUERTE, SANG UND SPRACH ER MIT DEN MENSCHEN.
RAM NAM BOLO! LIEBE DEINE FEINDE UND TUE IHNEN GUTES. ES IST NICHT EINFACH, ABER... RAM KRISHNA BOLO! RAM KRISHNA BOLO!
JAYA JAYA RAM...
NACH EINIGER ZEIT WOLLTEN MEHR UND MEHR SCHÜLER SICH VON SWAMI SIVANANDA WEIHEN LASSEN UND UNTER SEINEN UNTERWEISUNGEN MIT IHM LEBEN. LETZTLICH ENTSCHLOSS SICH SWAMI SIVANANDA, ZUM WOHL DER VIELEN SUCHENDEN DEN SWARG ASHRAM ZU VERLASSEN. ES WAR ANFANG 1934.
ICH LIEBE SWARG ASHRAM UND DEN FRIEDEN HIER. ABER ICH GEBE ES ZUM WOHL DER SUCHENDEN AUF.
ABER WOHIN NUR GEHEN?
GURUJI, DIES IST DEINE ZWEITE ENTSAGUNG, DIE UNS UND DER WELT ZU GUTE KOMMT.
AM ANDEREN ENDE DES UFERS ANGEKOMMEN BEGANNEN SIE, NACH EINER UNTERKUNFT ZU SUCHEN.
DIES SIEHT NACH EINEM VERLASSENEN KUHSTALL AUS. ABER FÜR UNS REICHT ES AUS.
JA, MEISTER.

ES DAUERTE NICHT LANGE UND MEHR UND MEHR SCHÜLER KAMEN ZU SWAMI SIVANANDA. DER ASHRAM WUCHS SCHNELL.
DIESE HÜTTEN HIER SCHEINEN WIE FÜR UNS GESCHAFFEN ZU SEIN.
ES IST GOTTES WILLE. ICH HABE NICHT DAVON GETRÄUMT, EINEN ASHRAM ZU GRÜNDEN. GOTT HAT ES SO BESTIMMT.
SWAMI SIVANANDAS ASHRAM WURDE ALS ‚DIVINE LIFE SOCIETY' BEKANNT. ANHÄNGER KAMEN VON ÜBERALL UND SPENDETEN GELD. DAMIT KONNTE SWAMIJI WEITERE GEBÄUDE ERRICHTEN.
GOTT HAT NEUE WEGE FÜR MEINEN DIENST GESCHAFFEN. DIESE INSTITUTION SOLL DER MENSCHEIT HELFEN, SICH GOTT ZU ZUWENDEN.
ES IST ZEIT FÜR BHAJAN UND DEN VORTRAG DES MEISTERS. KOMMT ALLE REIN!
BIS 1940 HATTE SICH DER ASHRAM SEHR VERGRÖSSERT. ES GAB BEI DER INSTANDHALTUNG DES ASHRAMS FÜR SWAMIJI UND DIE ANDEREN VIEL ZU TUN. AM 18. FEBRUAR 1941 VERLIESS SWAMIJI OHNE DAS WISSEN DER ANDEREN PLÖTZLICH DEN ASHRAM.
WO IST SWAMIJI?
ER IST NIRGENDWO ZU FINDEN.
ER MUSS IRGENDWO BESCHÄFTIGT SEIN, WIE IMMER.
DIE SCHÜLER SUCHTEN SWAMIJI ÜBERALL. OHNE ERFOLG. SIE SUCHTEN AUCH AM FLUSSUFER UND IM DSCHUNGEL.
WÄHRENDDESSEN AM GRENZÜBERGANG RISHIKESH...
HARI OM, SWAMIJI.
ER PRAKTIZIERT MAUNA (SCHWEIGEN).

EIN PAAR TAGE SPÄTER WURDE ER VON DORFBEWOHNERN IN JAGDISHPUR GESEHEN.
ER SIEHT AUS WIE SWAMI SIVANANDA, TIEF IN MEDITATION VERSUNKEN.
WAS FÜR EIN SEGEN, DASS ER HIER BEI UNS IM DORF IST. LASS UNS BEI IHM DARSHAN NEHMEN UND IHM DIENEN.
AM VIERZEHNTEN TAG KEHRTE SWAMIJI DANN VON SEINEN ANHÄNGERN IN JAGDISHPUR BEGLEITET IN DEN ASHRAM ZURÜCK.
OH! SWAMIJI! GEHT ES DIR GUT?
WIR HABEN UNS DIE LETZTEN VIERZEHN TAGE SEHR UM DICH GESORGT.
ICH WOLLTE EUCH TESTEN UND FÜR ALLE EVENTUALITÄTEN VORBEREITEN. ICH BIN ZUFRIEDEN, DASS IHR DIE ARBEIT GOTTES ALS TEAM SO GUT WEITERGEFÜHRT HABT.
SWAMIJI, ES GESCHIEHT ALLES DURCH DEINE GNADE UND SATSANKALPA. BITTE SEGNE UND FÜHRE UNS.
SWAMI SIVANANDAS INSTITUTION IN RISHIKESH WUCHS MIT ERSTAUNLICHER GESCHWINDIGKEIT. SCHÜLER AUS ALLER WELT KAMEN, UM SEINEN SEGEN ZU ERHALTEN.
VOR EINIGEN JAHREN LIEFEN AN DIESEM ORT NOCH TIGER UMHER. SWAMIJI HAT DEN DSCHUNGEL IN EINEN MANGAL* UMGEWANDELT.
ES GESCHIEHT ALLES NUR IM EINKLANG MIT GOTTES PLAN.
ERSTAUNLICH!
*EIN HEILIGER ORT
NUN HAST DU DEN GANZEN ASHRAM GESEHEN. ERNSTHAFTE ASPIRANTEN BEKOMMEN HIER EINE VIELSEITIGE AUSBILDUNG. SWAMIJI NENNT ES ‚YOGA VEDANTA FOREST ACADEMY'.
SWAMIJI, WIE LANGE DAUERT DIE AUSBILDUNG AN DER FOREST ACADEMY?
EIN GANZES LEBEN.
JA, ES IST WAHR! HIER LERNST DU ZU DIENEN, LIEBEN, GEBEN, REINIGEN, MEDITIEREN UND VERWIRKLICHEN. SEI GUT UND TUE GUTES. SEI FREUNDLICH UND MITFÜHLEND ZU ALLEN. ALL DAS BEDARF EINER LEBENSLANGEN PRAXIS.
WIE BITTE?

JA, ICH SEHE NICHTS ALS GOTT IN DER NAHRUNG, DIE ICH ESSE, IN DEM WASSER, DAS ICH TRINKE, IN DEN LEUTEN, DIE ICH GRÜSSE, IN DEN TIEREN, DIE ICH TREFFE.
HAST DU GOTT GESEHEN, SWAMIJI?
SWAMI SIVANANDAS SCHRIFTEN WAREN EINFACH UND DIREKT. SIE WAREN SEHR PRAKTISCH. SEINE LEHREN WAREN ALLGEMEINGÜLTIG UND KONFESSIONSLOS. SIE TRUGEN DAS SIEGEL DER VERWIRKLICHUNG. EINMAL SPRACH EIN REICHER GESCHÄFTSMANN AUS KALKUTTA, DER EIN SEHR STRENGER HINDU WAR, MIT SEINEN FREUNDEN IM BÜRO –
DER HINDUISMUS IST SEHR VERNACHLÄSSIGT WORDEN. SCHAUT, WIE CHRISTLICHE UND MUSLIMISCHE MISSIONARE ARBEITEN. WIR SOLLTEN AUCH ETWAS FÜR UNSERE RELIGION TUN.
EINE GROSSARTIGE IDEE! SWAMI SIVANANDA IST EINE GROSSE SEELE, EIN MANN HOHEN VERWIRKLICHUNGSGRADES. WARUM WENDEST DU DICH MIT DIESER SACHE NICHT AN IHN?
ER GING MIT EINER GROSSEN SUMME GELD NACH RISHIKESH, UM SWAMI SIVANANDA ZU TREFFEN.
SWAMIJI, ICH HABE DIR EINE GROSSE SUMME GELD ZU BIETEN, VORAUSGESETZT, DASS DU DEN HINDUISMUS VERBREITEN WIRST.
NEIN, DANKE, SETHJI. DAS KANN ICH NICHT MACHEN. FÜR MICH SIND WIR ALLE DIE KINDER GOTTES. MEINE MISSION IST DIE ERWECKUNG DER MENSCHHEIT. ICH GEHÖRE ZU ALLEN RELIGIONEN UND ALLE RELIGIONEN ZU MIR.
SWAMI SIVANANDAS WEISE, DEN ASHRAM ZU FÜHREN, WAR RÄTSELHAFT. DER ASHRAM HATTE IMMER SCHULDEN. EINMAL WEIGERTE SICH EIN LEBENSMITTELHÄNDLER IN RISHIKESH, VERPFLEGUNG ZU LIEFERN, BIS DIE SCHULDEN VON TAUSENDEN VON RUPIEN BEGLICHEN WURDEN. DER SEKRETÄR TRAT AN SWAMI SIVANANDA HERAN UND BAT –
SWAMIJI, WIR MÜSSEN UNSERE AUSGABEN KÜRZEN. LASS UNS NUR DIE ÄLTEREN ASHRAM BEWOHNER BEHALTEN UND DIE ANDEREN WEGSCHICKEN.
NEIN, NEIN. GOTT HAT ALLE DIESE MENSCHEN HIER HER GESCHICKT UND ER WIRD FÜR DIE NÖTIGE HILFE SORGEN. KÜMMERE DICH NICHT DARUM.

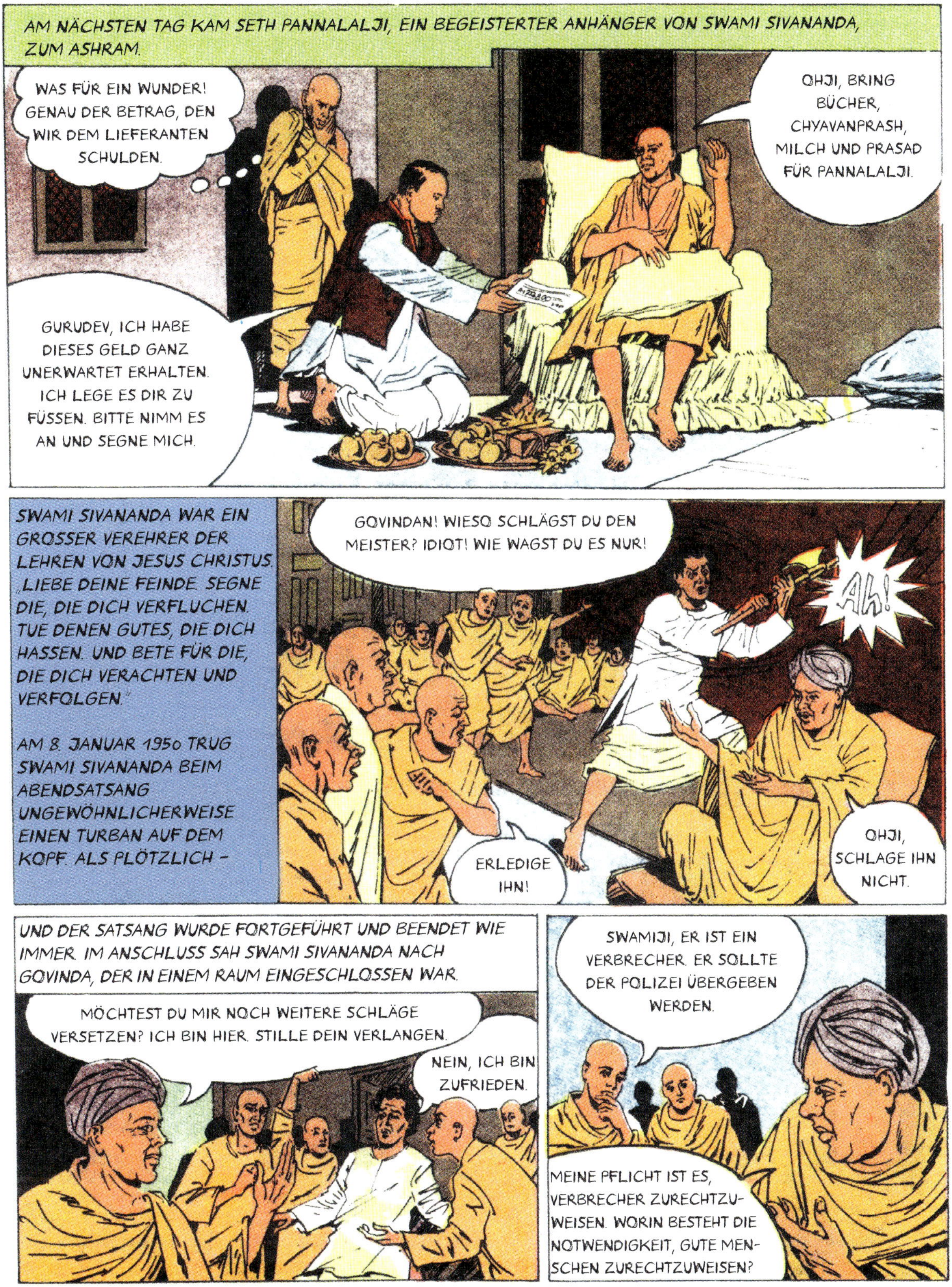
AM NÄCHSTEN TAG KAM SETH PANNALALJI, EIN BEGEISTERTER ANHÄNGER VON SWAMI SIVANANDA, ZUM ASHRAM.
WAS FÜR EIN WUNDER! GENAU DER BETRAG, DEN WIR DEM LIEFERANTEN SCHULDEN.
OHJI, BRING BÜCHER, CHYAVANPRASH, MILCH UND PRASAD FÜR PANNALALJI.
GURUDEV, ICH HABE DIESES GELD GANZ UNERWARTET ERHALTEN. ICH LEGE ES DIR ZU FÜSSEN. BITTE NIMM ES AN UND SEGNE MICH.
SWAMI SIVANANDA WAR EIN GROSSER VEREHRER DER LEHREN VON JESUS CHRISTUS. „LIEBE DEINE FEINDE. SEGNE DIE, DIE DICH VERFLUCHEN. TUE DENEN GUTES, DIE DICH HASSEN. UND BETE FÜR DIE, DIE DICH VERACHTEN UND VERFOLGEN."
AM 8. JANUAR 1950 TRUG SWAMI SIVANANDA BEIM ABENDSATSANG UNGEWÖHNLICHERWEISE EINEN TURBAN AUF DEM KOPF. ALS PLÖTZLICH –
GOVINDAN! WIESO SCHLÄGST DU DEN MEISTER? IDIOT! WIE WAGST DU ES NUR!
AH!
ERLEDIGE IHN!
OHJI, SCHLAGE IHN NICHT.
UND DER SATSANG WURDE FORTGEFÜHRT UND BEENDET WIE IMMER. IM ANSCHLUSS SAH SWAMI SIVANANDA NACH GOVINDA, DER IN EINEM RAUM EINGESCHLOSSEN WAR.
MÖCHTEST DU MIR NOCH WEITERE SCHLÄGE VERSETZEN? ICH BIN HIER. STILLE DEIN VERLANGEN.
NEIN, ICH BIN ZUFRIEDEN.
SWAMIJI, ER IST EIN VERBRECHER. ER SOLLTE DER POLIZEI ÜBERGEBEN WERDEN.
MEINE PFLICHT IST ES, VERBRECHER ZURECHTZUWEISEN. WORIN BESTEHT DIE NOTWENDIGKEIT, GUTE MENSCHEN ZURECHTZUWEISEN?

* JNANA DANA – VERBREITUNG VON WISSEN

VOM 9. SEPTEMBER BIS 8. NOVEMBER 1950 GING SWAMI SIVANANDA AUF EINE REISE DURCH INDIEN UND SRI LANKA, UM DIE ERWECKUNG DER MENSCHHEIT UND EINE WEITE VERBREITUNG DER LEHREN ZU BEWIRKEN. ER REISTE MIT DREIZEHN ÄLTEREN SCHÜLERN ZUSAMMEN IM ZUG.
WÄHREND DIESER 'ALL-INDIA-TOUR' SPRACH ER BEI HUNDERTEN VON GEMEINDEEMPFÄNGEN UND ÖFFENTLICHEN VERSAMMLUNGEN ZU SCHÜLERN UND STUDENTEN IN FAST ALLEN GRÖSSEREN STÄDTEN.
GESEGNETE KINDER GOTTES, SUCHT SCHUTZ BEI GOTT! ALL EURE NOT WIRD EIN ENDE FINDEN.
LUCKNOW

COLOMBO
COLOMBO
ALL INDIA CEYLON TOUR

MADRAS
CIVICRECEPTION MADRAS
UND AN JEDEM BAHNHOF, AN DEM DER ZUG HIELT, NAHMEN TAUSENDE VON ANHÄNGERN SWAMIJIS DARSHAN UND HÖRTEN SEINEN KIRTAN.

ALS SWAMIJI NACH SEINER REISE AM 8. NOVEMBER 1950 ZUM ASHRAM ZURÜCKKAM, WURDE ER SEHR HERZLICH EMPFANGEN.
AUF DIESER REISE KAM GOTT ALS VIRAT SWARUPA, GOTT IN SEINER MANIFESTATION ALS WELT, ZU MIR – IN FORM VON SCHAREN VON ANHÄNGERN, DIE GESPANNT DIE LEHREN DER DIVINE LIFE SOCIETY HÖREN WOLLTEN. BEI JEDER VERSAMMLUNG SPÜRTE ICH, WIE GOTT DURCH MICH SPRACH. UND ER SELBST BREITETE SICH VOR MIR IN FORM DER ZUHÖRER AUS. ER SANG MIT MIR. ER BETETE MIT MIR. ER SPRACH UND ER HÖRTE ZU.
DER EINFLUSS DER REISE WAR ENORM UND DER STROM VON ANHÄNGERN, DIE IN DEN ASHRAM KAMEN, UM DARSHAN ZU NEHMEN UND RAT VON SWAMIJI ZU SUCHEN, NAHM STETIG ZU. BERÜHMTE LEUTE AUS ALLEN GESELLSCHAFTSSCHICHTEN FÜHLTEN SICH ZU SWAMI SIVANANDA HINGEZOGEN.
SWAMIJI, DAS IST DR. RAMJAS, EIN BEKANNTER ARZT AUS REWARI.
NAMASTE, DOKTOR! DU BIST EIN GROSSARTIGER CHIRURG. WIE VIELE EGO-EKTOMIEN HAST DU SCHON AUSGEFÜHRT?
EGOEKTOMIE? ICH HABE NOCH NIE VON EINER SOLCHEN OPERA-TION GEHÖRT...
SWAMIJI ERTEILTE VIELE LEKTIONEN MIT HILFE VON HUMOR.
OH! DU KENNST EGOEKTOMIE NICHT? ES IST DIE OPERATION, DIE DAS EGO ENTFERNT – DAS EGO, DAS UNS VON GOTT TRENNT – UND SO ERREICHEN WIR GOTT.
SWAMIJI, DU BIST DER FÜHRENDE CHIRURG BEI DIESER OPERATION. ICH BIN AUS DIESEM GRUNDE ZU DIR GEKOMMEN.
1953 RIEF SWAMI SIVANANDA DAS ‚WORLD PARLIA-MENT OF RELIGI-ONS' IN SEINEM ASHRAM ZUSAMMEN. ER WAR EIN GROS-SER VERTRETER GRUNDLEGENDER EINHEIT ALLER RELIGIONEN.
WORLD PARLIAMENT OF RELIGIO
ES GIBT EINE WAHRHEIT! WIR KÖNNEN IHR VERSCHIEDENE NAMEN GEBEN. DIE ESSENZ DER LEHREN ALLER WEISEN UND HEILIGEN, DIE GRUNDLAGE ALLER RELIGIONEN UND GLAUBENSGEMEINSCHAFTEN, IST JEDOCH DIE GLEICHE. MENSCHEN STREITEN SICH UNNÖTIG UM UNWESENTLICHES UND VERFEHLEN DABEI DAS ZIEL.
WAS FÜR EINE EIN-FACHE ABER PRAK-TISCHE LEHRE!
EIN WAHRHAFT VERWIRKLICHTER MEISTER!

JEDES JAHR AM 8. SEPTEMBER WAR EIN VERHEISSUNGSVOLLER ANLASS FÜR ALLE SCHÜLER UND ANHÄNGER: ES WAR SWAMIJIS GEBURTSTAG UND SIE VEREHRTEN IHN NAHEZU WIE EINEN GOTT.
OM BOLO SADGURU SIVANANDA MAHARAJ JI KI – JAYA!
OM NAMO BHAGAVATE SIVANANDAYA! OM NAMO BHAGAVATE SIVANANDAYA!
MANCHMAL VERSCHRIEB SWAMIJI SEINEN SCHÜLERN EIN MERKWÜRDIGES REZEPT: ‚SP-40' GENANNT. 40 MAL SCHUH-PRÜGEL, ALS GEGENGIFT FÜR EGOISMUS. IN DIESER NACHT ALLERDINGS...
KLOPF
KLOPF
KLOPF
OH GEIST, WIE GEFÄLLT DIR DAS? SIND DIE PRÜGEL MIT DEM SCHUH GENAUSO EIN VERGNÜGEN WIE DIE GIRLANDEN UND DIE LOBGESÄNGE?
SWAMIJI HAT SEIN GANZES LEBEN UNERMÜDLICH GEARBEITET. DER SIVANANDA ASHRAM UND DIE DIVINE LIFE SOCIETY WAREN GUT ETABLIERT MIT NIEDERLASSUNGEN IN INDIEN UND IM AUSLAND.
GEEIGNETE SCHÜLER WAREN AUSGEBILDET, DEN ASHRAM IN RISHIKESH ZU LEITEN UND BEGANNEN, DIE LEHREN AUCH IN ANDEREN LÄNDERN ZU VERBREITEN.
SWAMI SIVANANDA SAH SO SCHON ZU LEBZEITEN, WIE SICH SEINE MISSION ERFÜLLT HATTE.
THE DIVINE LIFE SOCIETY

SEIT ANFANG 1963 GAB SWAMI SIVANANDA BEI VERSCHIEDENEN ANLÄSSEN KLARE HINWEISE BEZÜGLICH DES NAHENDEN ENDE SEINES LEBENS, AUCH WENN DIESE VON SEINEN SCHÜLERN NICHT ERNSTGENOMMEN WURDEN.
ALL JENE VON EUCH, DIE SICH ALS SANNYASIN WEIHEN LASSEN MÖCHTEN, SOLLTEN ES AN DIESEM SHIVARATRI MACHEN LASSEN. WER WEISS, WAS NÄCHSTES SHIVARATRI IST.
ES WAR IM MAI 1963, ALS SWAMIJI UM DEN KALENDER BAT, UM AUF DIE DATEN IM JULI ZU SCHAUEN.
WAS IST, SWAMIJI? WONACH SCHAUST DU?
JULI 1963
OHJI, DAS WEISST DU NICHT.
AM 21. JUNI 1963 NACH DEM GEMEINSAMEN MORGENDLICHEN SATSANG KAM SWAMIJI AUF DIE TERASSE.
OHJI, VIMANA KOMMT VOM BRAHMALOKA. WER KOMMT ALLES?
SWAMIJI, ICH WERDE KOMMEN.
UND DAS WAR SEIN LETZTER SATSANG.
AB DA VERSCHLECHTERTE SICH SEIN GESUNDHEITSZUSTAND. TROTZDEM SCHRIEB ER WEITERHIN TÄGLICH SEINE GEDANKEN AUF. ALLERDINGS DIKTIERTE ER NUN, DA ER NICHT MEHR SELBER SCHREIBEN KONNTE. EINMAL DIKTIERTE ER: ‚GLÜCKSELIGKEIT KOMMT, WENN DER MENSCH MIT GOTT VERSCHMILZT' – UND DANN HIELT ER INNE..
UND WEITER, SWAMIJI?
PORUM*
* PORUM IST TAMIL FÜR ‚GENUG'

AM 24. JUNI 1963 HATTE SWAMI SIVANANDA GANZ PLÖTZLICH EINEN ANFALL UND ES TRAT EINE SCHEINBARE LÄHMUNG SEINER LINKEN KÖRPERHÄLFTE AUF. ER WAR FÜR MEHRERE TAGE BEWUSSTLOS UND HALBBEWUSSTLOS. AM 13. JULI 1963 DANN:
SWAMIJI, WEISST DU, WIE VIELE TAGE DU IM BETT GEWESEN BIST?
ZWANZIG TAGE.
UNGLAUBLICH, ER HAT RECHT! WIE KANN MAN DAS GLAUBEN, WENN ER DOCH BEWUSSTLOS WAR?
ABER ER WAR IN DER TAT ZU DER ZEIT IN EINEM DOPPELTEN BEWUSSTSEINSZUSTAND.
FÜR DIE ÄRZTE STELLTE SWAMI SIVANANDA EIN RÄTSEL DAR. DOKTOR PURI KLOPFTE ETWAS STÄRKER AN SWAMIJIS KNIESCHEIBE, KNÖCHEL UND FUSS UND FRAGTE –
SWAMIJI, WEISST DU, WO ICH GEKLOPFT HABE?
JA, WIESO? PATELLA, MALLEOLUS, METATARSALE. ABER WARUM HAST DU SO STARK GEKLOPFT?
ERSTAUNLICH! BEEINDRUCKEND, DASS ER SICH AN DIE LATEINISCHEN NAMEN ERINNERN KANN. ES IST KEINE LÄHMUNG. ER IST IN EINEM YOGISCHEN ZUSTAND.
AM 14. JULI 1963 FRAGTE SWAMI SIVANANDA NACH REINEM GANGESWASSER ZUM TRINKEN.
DER VERHEISSUNGSVOLLE MOMENT, DEN ICH FESTGELEGT HATTE, NÄHERT SICH.
ER KONNTE NICHT MAL EINEN LÖFFEL MALZMILCH ZU SICH NEHMEN. WIE WILL ER EIN GANZES GLAS GANGESWASSER SCHLUCKEN? ERSTAUNLICH!
SWAMIJI INSZENIERT EIN GROSSES SCHAUSPIEL. ER IST NICHT KRANK. ER BEREITET SICH VOR, ZU SEINEM URSPRÜNGLICHEN HEIM ZU GEHEN.

AN DIESEM ABEND UM 11:20 UHR VERLIES SWAMI SIVANANDA, DER GROSSE HEILIGE VON ANANDA KUTIR, SEINEN PHYSISCHEN KÖRPER UND BEWIES MIT SEINEN LILAS, SEINEN SPIELEN, DASS ER NICHT DER KÖRPER WAR.
SO VERSCHMOLZ DER FLUSS MIT DEM OZEAN UND ER WURDE EINS MIT DEM ABSOLUTEN. SWAMIJI ERLANGTE MAHASAMADHI UND MILLIONEN VON ANHÄNGERN FIELEN IN TIEFE TRAUER.
DIE NÄCHSTEN ZWEI TAGE KAMEN DIE MENSCHEN IN SCHAREN ZUM DARSHAN, UM SWAMI SIVANANDAS STERBLICHEN KÖRPER ZU SEHEN UND EHREN.
DANN WURDE UM SEINEN KÖRPER DER SAMADHI SCHREIN IM SIVANANDA ASHRAM ERBAUT. BIS HEUTE STRÖMEN TAUSENDE VON ANHÄNGERN NACH RISHIKESH, UM SWAMI SIVANANDA AN DER SAMADHISTHANA, DER LETZTEN RUHESTÄTTE, IN SEINEM ASHRAM EHRE ZU ERWEISEN. DORT KANN MAN SEINE GEGENWART NOCH IMMER STARK SPÜREN UND DIE INNIGEN WÜNSCHE DER ANHÄNGER WERDEN ERFÜLLT.
SWAMI SIVANANDA LEBT WEITER IN DEN HERZEN SEINER WELTWEITEN ANHÄNGER UND SEINEN VIELEN SCHRIFTEN. SO DIENT ER AUCH WEITERHIN DER MENSCHHEIT UND FÜHRT SIE AUF DEM WEG DER RECHTSCHAFFENHEIT UND DER TUGEND ZUM ZIEL, ZU GOTT.

„Ein Gramm Praxis ist besser
als Tonnen von Theorie.“

Ebenfalls im Yoga Vidya Verlag erschienen:

Sivananda - ein moderner Heiliger

Enge Schüler von Swami Sivananda beschreiben sehr anschaulich die wichtigsten Lebensabschnitte Swami Sivanandas, wie er den spirituellen Weg gegangen ist, systematisch an sich gearbeitet hat und mit viel Disziplin, Weisheit und Hingabe zur höchsten Verwirklichung gekommen ist. Das Buch zeigt dir pragmatisch und methodisch den Weg, den du selbst gehen kannst, um dieses Ziel zu erreichen. Es versetzt dich in die unmittelbare Gegenwart eines großen, selbstverwirklichten Meisters.
380 Seiten, Hardcover, 19,80 €, ISBN 978-3-931854-63-8

Inspirierende Geschichten

von Swami Sivananda
Das Geschichtenerzählen ist eine der ältesten menschlichen Traditionen. Was Nahrungsmittel für den physischen Körper sind, sind Geschichten für den menschlichen Geist und die menschliche Seele. Geschichten regen die Fantasie an, helfen Menschen, eigene innere Bilder wahrzunehmen, öffnen das Herz und bieten neue Denkanstöße.
240 Seiten, Paperback, 10,80 €, ISBN 978-3-931854-63-8

Japa Yoga

von Swami Sivananda
Dieses Buch beschreibt in leicht verständlicher Sprache die tantrische Theorie von Klang und Mantra sowie wertvolle praktische Hinweise für den Gebrauch von Mantras. Die Auflistung von früher nur in mündlicher Überlieferung weitergegebenenMantras ist selbst in Indien einmalig. Wertvolle Ratschläge zu allen Aspekten des spirituellen Lebens runden das Buch ab.
208 Seiten, Paperback, 9,80 €, ISBN 978-3-931854-25-6

Sivananda Yoga

von Swami Venkatesananda
Swami Venkatesananda war ein enger Schüler von Swami Sivananda und hat viele Jahre bei ihm gelebt. Er beschreibt in diesem Buch sehr schön klar und humorvoll, wie spirituelles Wachstum unter der Führung eines selbstverwirklichten Lehrers möglich ist. In vielen kleinen Geschichten, die er selbst oder andere Schüler erlebt haben, vermittelt er dem Leser, wie man zur Selbstverwirklichung kommt und wie man Sivananda Yoga Tag für Tag praktizieren kann.
184 Seiten, Paperback, 9,80 €, ISBN 978-3-931854-51-5

Parabeln

von Swami Sivananda
Die höchste Wirklichkeit, den Weg dorthin, die Aufgaben, Gefahren und Hindernisse unterwegs können leichter durch Geschichten und Gleichnisse vermittelt werden als durch abstrakte Theorien. Swami Sivananda sprach sehr oft in Gleichnissen oder Bildern, die aus Beruf oder Lebensumständen der Menschen und Ratsuchenden stammten. So ist jede dieser Parabeln ein Ratschlag des großen Meisters.
184 Seiten, Paperback, 9,80 €, ISBN 978-3-931854-27-0

Vedanta für Anfänger

von Swami Sivananda
Die Philosophie des Vedanta ist für Menschen aus unserem Kulturkreis oft nicht so leicht zugänglich – da gibt es viele Fachbegriffe und die Welt soll Maya, also eine Illusion, sein. In diesem Buch erläutert Swami Sivananda kurz und bündig die Kernaussagen des Vedanta und erklärt viele Sanskritbegriffe. Gleichzeitig enthält es auch viele wertvolle praktische Anweisungen, Meditationsanleitungen und anschauliche Analogien. So ist dieses kleine Buch ein inspirierender Begleiter, der helfen kann, Zugang zu dieser erhabenen Philosophie zu bekommen.
124 Seiten, Paperback, 9,80 €, ISBN 978-3-931854-83-6